창비시선 142

이시영 시집

사 이

창비

차   례

임 종

어머니가 하도 안 돌아가시길래

마누라하고 유덕희씨하고 인천 송도에 가서

이경림씨까지 불러내어 회를 실컷 먹고 돌아와 보니
여전하시기에

근처 이진행네 집에 가 잠시 눈 좀 붙이고 오겠다고
돌아선 사이,

간병부가 나를 뒤쫓아 황급히 아래층 계단을 향해
뛰던 바로 그 시간에

어머니는 그만 운명하시고 말았습니다

항상 먼곳을 응시하던 두 눈은 단정히 감으시고

따뜻한 입은 새벽을 향해 약간 벌리신 채.

三 虞 後

어머니를 묻고 돌아오는 길
구례구에서 남원, 오수역에서 임실까지
안개비 속에 온 산천이 잔잔한 싸락눈에 덮인다
산천도 또 한 주검을 새로 받아 안고 맑은 옷으로
갈아입는 중일까
공중의 새들 빠르게 벌판 이내 속을 날고
가까운 마을에선 식구들의 밥 짓는 연기 자욱타

나　무

박수근의 나목 같은 나무
바람이 불어도 흔들리지 않고
눈보라가 몰아쳐와도 꿈쩍하지 않는
박수근의 완강하게 구부러진 나목 같은 나무
내 마음속의 나무

지상에서

오늘 아침 또 한 친구의 부음을 받았다
햇살이 유난히 차고 카랑카랑하다
내 오늘은 기어이 찾아가보리라
일영 송추 지나 교외선 한적한 그 양지녘
간밤 기러기들이 무수히 잔털을 묻고 전속력으로 이
륙하던 곳
나 거기서 오랜만에 인간의 뜨거운 알을 낳고 또 낳
으리

무 지 개

그 옛날 제가 어렸을 적
웃냇가 노둣돌 틈서리에서 물장구치다
느닷없는 천둥 소나기에 놀라 벌거숭이로
들가운뎃길을 향해 냅다 뛰었을 때
바로 옆 밭에서 김 매다 갑자기 없어진 나를 찾아
어머니는 가름젱이 온 들판을 호미 들고 다 헤매셨
다면서요?
들판 가득 무지개 곱게 피어오르던 그 훈훈한 여름
날 저녁

관념을 벗고 세상의 나무를 보다

푸른 하늘 아래
잎들을 온전히 벗은 미루나무 하나가
찬바람에 잔잔히 흔들리며 미소 지으며
죽음도 잊은 채 그대로 푸른 하늘의
일부가 되고 있다

새 날

고통의 밤이 가고 새날이 밝았다
햇빛이 환한 언덕 위로
은행나무 한그루가 밝게 빛나고 있었다
그러나 밑둥엔 어두운 잎사귀들이 수북이 쌓이었다
그 사잇길로 간밤 고통의 주인이 무거운 지팡이를
짚고 걸어 내려가고
인간의 얼굴을 한 강아지 한마리가
뒤를 힐끔거리며 그 뒤를 바짝 따르고 있었다
곧 매서운 서리의 계절이 닥치려나보다

아름다운 分割

파도가 머리를 꼿꼿이 세우고 달려와
단 한차례 방파제를 들이받곤
거대한 물보라를 남기며 스러져간다

수평선 쪽에서 갈매기 한마리가 문득 머리를 들고
잔잔하게 하늘을 가른다

목　숨

사람의 목숨이란 것도 저 나무의 나뭇잎과 같아서
어느날 바람결에 뚝 떨어져
발밑에 사뿐히 가라앉을 수만 있다면
가라앉아 어디로 흘러갔으면

대저 사람의 일이란 그렇지를 못해
오늘도 한 목숨 옆방에서 내 이름을 애타게 부르고
있으니

십 일 월

갈대밭에 갈대들이 하이얗게 피어
갈바람에 시원히 나부낍니다

그 너머 하늘은 쪽빛 하늘
참새들도 새파랗게 얼어서 돌아옵니다

아침 아홉시, 서울역 광장

비둘기의 발가락은 모두 여덟 개
그 빨간 발가락을 뒤뚱거리며 비둘기 한마리가 부지
런히 부랑자들 속으로 걸어가고 있다

어느날 죽음이……

어느날 죽음이 나를 따라와 함께 누웠다
죽음은 나와 함께 일어나 세수하고
나와 함께 출근하여 사무를 보고
나와 함께 퇴근하여 인사동에 가 한잔 하다가
나와 함께 집에 돌아와 같이 눕는다

어느날 죽음이 나를 따라와 함께 누웠다
죽음은 나보다 먼저 일어나 내 칫솔로 양치질하고
　나보다 먼저 출근하여 내 이름 위에 선명한 제 도장
을 찍고
　나보다 먼저 퇴근하여 인사동에 가 내 친구들과 함
께 한잔 하다가
　나보다 먼저 집에 돌아와 나를 기다린다

어느날 죽음이 나를 따라와 함께 누웠다
죽음은 이제 나를 잊은 채 저 홀로 일어나 세수하고
양치질하고

나를 잊은 채 저 홀로 출근하여 내 사무를 보고
저 홀로 퇴근하여 내 친구들과 함께 한잔 하다가
나를 잊은 채 저 홀로 내 집에 돌아와
내 가족들 속에서 천천히 늦은 저녁 식사를 한다

어느날 죽음이 나를 따라와 함께 누웠다
그러나 나는 지금 어디에 있는가?

새벽 두시

오늘밤에도 나뭇잎들은 지상에서 오래 나부낀다
삶이란 무엇인가 그리고 죽음은?
바람 속에서 저처럼 오래 나부끼다가
영원 속으로 짧게 스러지는 것?

어느 聖所

겨울이 다가오는 어느 일요일 저녁
미사가 막 시작된 용산성당 앞 나무둥치에
외롭고 지친 할머니 한분이 기대어 있었다
다가가 자세히 물으니
일년 전 자기를 여기에 내다버린 아들네 부부를 기
다리고 있노라며,
이제는 그들에게 아무런 원망도 없으며
다만 해맑은 손주 얼굴을 한번만 보고 싶다며,

시 월

고통을 통과하지 않은 영혼이 어디 있으랴
오늘밤에도 강물 잔잔히 굽어 흐르고
별들은 머나먼 星河로 가 반짝인다

閑　　遊

　　우리 동네 정육점집 사내 새벽 일을 다 끝내놓고,
방금 전에 고기 받은 고무함지의 피도 깨끗이 씻어 엎
어놓고 그 위에 맨발을 쭉 뻗은 채 곤한 잠에 떨어져
있는 것을 출근길의 나 붉은 눈을 연신 부비며 들여다
보다.

저녁빛 속

사람들이 싫다 사람들이 그립다
아니, 안성천변 솔밭 사이 자잘한 무덤들이
이룩하는 저녁 평화가 아름답다

죽　음

　죽은 명식이형이랑 후식이형이랑 명자누나랑 그리고
아주 어렸을 적 죽어 이름도 없는 동생이랑 아기 두루
마기짜리들이 마구 몰려와 엄마 이제는 고생 그만하고
눈비 없는 자기들 나라로 가자고 뽀얀 볼로 칭얼대며
보채는 것을 간신히 달래다가 퍼뜩 잠에서 깨어났다며,

　병실의 햇볕 잘 드는 창가에서 어머니는
　마치 남의 얘기 하듯 조용조용히 말하는 것이었어요

새   벽

에미 목을 필사적으로 끌어안고 잠든 새끼의 팔뚝에
아, 파란 정맥이 돋아 있다

가을의 소원

내 나이 마흔일곱, 나 앞으로 무슨 큰일을 할 것 같
지도 않고 (진즉 그것을 알았어야지!) 틈나면 (실업자
라면 더욱 좋고) 남원에서 곡성 거쳐 구례 가는 섬진
강 길을 머리 위의 굵은 밀잠자리떼 동무 삼아 터덜터
덜 걷다가 거기 압록 지나 강변횟집에 들러 아직도 곰
의 손발을 지닌 곰금주의 두툼한 어깨를 툭 치며 맑디
맑은 공기 속에서 소처럼 한번 씨익 웃어보는 일!

한 눈빛

어머니 병원 가시고 난 지 일주일
창 밖 후박나무 가지 위에 웬 이름 모를 멧새 하나 찾아와
종일을 앉았다가 날아가곤, 앉았다가 날아가곤 한다
어머니 아예 먼길 뜨시려고 저러는 걸까
새는 날아가고 날아간 새의 초점 없는 희미한 눈빛 만이 가지 끝에 앉아
밤새도록 흔들거리며 나를 굽어보고 있다

1995년 9월, 석양

관악산 머리 위로 불쑥,
새 한마리가 넘어오고 있었다
아니다 관악산 머리 위로 불쑥,
보잉 707 한대가 넘어오고 있었다
아니다 관악산 머리 위로 천천히
새 한마리가 날고 있었다
아니다 관악산 머리 위로 천천히
보잉 707 한대가 선회하고 있었다

서쪽 하늘은 온통 금빛 잠자리 나래들로 분주하다

산천아파트

"위험: 본 건물은 붕괴 위험이 있는 건물로서
접근을 금함—용산구청장"
그러나 그 안에서도 비둘기들과 함께 아직 사람들이
산다
아침이면 새로 빨아 넌 운동화 두 켤레가 창틀에서
하얗게 반짝인다

어느 굽이

할머니가 갑자기 쓰러지셨다

아내는 병원으로, 나는 그럴 수 없다고 버티다가

그녀는 마루에서, 나는 건넌방에서 그만 잠이 들었다

새벽이 희뿌옇게 밝아오고 있었다

출가한 딸네들에게선 전화 한통 없었다

다만 할머니의 외로운 방의 머리맡은 국민학교 3년
짜리 딸이 차지하고 앉아

이따금 커다란 머루 같은 눈을 깜빡이고 있었다

1917년생, 늘 가슴 졸이며 살아온 한 生이 어느 굽
이에서 조용히 저물어가고 있었다

가을의 기운

장마 지난 뒤 맑은 하늘에 흰 구름떼 드높이 나니
빨랫줄 위의 고추잠자리떼 나래를 활짝 펴겠다

노 을 빛

63빌딩 거대한 전관이 금빛으로 찬란히 물들 때가
있다

저녁 여섯시에서 일곱시 사이, 늦은 여름에서 초가
을 사이,

아니 바로 이 순간,

모처럼 쾌청 하늘엔 양떼구름이 흐르고

먼 하늘을 숨가쁘게 날아온 보잉 707기가 잠시 동작
을 멈추고

그 부드러운 새털구름에 안겨 뜨거운 날개를 쉬고
있을 때

서해 깊은 바다로 지려던 노을이 마지막으로 단 한
번 붉은 숨결을 내쏘아

지상을 밝게 물들이는 바로 그 무렵

세 월

기러기 한마리가 아주 긴 목을 빼고 날아간다
지상에선 또 한 슬픔이 완성되고
그보다 더욱 기인 날들이 계속되었다

귀   가

누군가의 구둣발이 지렁이 한마리를 밟고 지나갔다
그 발은 뚜벅뚜벅 걸어가
그들만의 단란한 식탁에서 환히 웃고 있으리라
지렁이 한마리가 포도에서 으깨어진 머리를 들어
간신히 집 쪽을 바라보는 동안

집

슬레이트와 슬레이트 지붕 사이에 호박꽃이 피어
필사적으로 굴뚝을 향해 기어오르고 있다
굴뚝 밑 방은 작년 이맘때쯤 새로 이사온
젊은 가난한 신혼부부가 사는 방이다

구례장에서

아침부터 검푸른 장대비가 줄기차게 오신다
천막 속에서 값싼 메리야쓰전을 걷다가
온 땅과 하늘을 장엄한 두 팔로 들었다 놓는 빗줄기를
하염없는 표정으로 바라보고 서 있는
한 중년여인의 옆 얼굴이 빨갛다

어린 동화

아랫도리를 홀랑 벗은 아이가

젊은 엄마의 손을 이끌고 대낮의 쭈쭈바집으로 들어
서고 있다

하느님이 뒤에서 방긋 웃다가 그 아이의 고추를 탱
탱히 곧추세우자

젊은 엄마의 얼굴이 채양 사이로 빨갛게 달아오른다

해   일

먼바다를 쉼없이 달려온 태풍이 오늘밤 육지에 상륙
하려고

내 몸도 하루 종일 파도처럼 아프고 쓰라렸나보다

질 주

저녁 노을 속을 나는 새들은 눈이 밝아서
그 어떤 강렬한 빛도 이겨낸다오

바   람

잎새가 살랑인다
어제 내 목덜미를 감싸며 흐느끼던 말 못할 숨결이
오늘 잎새를 저리 뜨겁게 관통했으리

운   동

잠든 토끼의 쫑긋한 귀가 이따금 파들거린다
잠든 다람쥐의 영리한 입이 이따금 오물거린다
잠든 거위의 늙은 목이 이따금 꿱꿱거린다

또 한 무늬

장대비가 내린 뒤

하늘에서 씻겨내려온 세모래는 하도 고와서

참새들도 그 위에 제 예쁜 발자국을 찬란히 새겨놓
고 가기도 한다

白　夜

토끼풀꽃 하나가 무엇에 흔들린다
그 옆의 들국 한송이도 무엇에 흔들린다
바람인가
모두들 뜨겁게 잠 오지 않는 밤이다

어떤 개인 날

지난 여름 장마비에 찢긴 가지에
새봄 들어 간신히 잎을 피워놨더니
올여름 장대비는 그걸 모르고
그 아픈 자릴 또 사정없이 꺾어버리네

뱅코 아저씨

마포구 용강동 재활용품 수집장에는 뱅코 아저씨가 사는데요. 한여름에도 목이 긴 워카에 야구방망이가 그려진 모자를 쓰고 헌 자전거 바퀴에 바람을 넣거나 빈 맥주캔을 워카발로 짓뭉개고 있는 그를 혹 산책길에 보실 수 있을 겁니다. 그런데 이 친구 일솜씨는 영 시원찮아 등뒤에는 항상 감독자인 고릴라 아저씨가 의자에 떠억 버티고 앉아 이것저것 끊임없이 지시를 하고 고함을 질러대야 합니다. 대신 그는 이 세상에서 고릴라 아저씨 말 하나는 기차게 잘 들어 그가 박카스 사오라면 박카스 사오고 물 떠오라면 물 떠오고 가서 세수하고 오라면 기쁘게 세수하고 옵니다. 문제는 고릴라 아저씨가 등뒤에 없을 때입니다. 물 젖은 폐지더미 위에 올라가 하루종일 낮잠중이시거나 누가 찾아와도 내다보지 않고 근처 공사장 인부가 말 걸어도 대꾸하지 않고 하여간 바람 빠진 튜브처럼 영 기운을 쓰지 못합니다. 그러다가 해가 설핏이 기울어 골목 끝에 고릴라 아저씨의 요란한 오토바이 소리가 들렸다 하면

자동인형처럼 후다닥 일어나 만면에 웃음을 띤 채 그 앞에 대기합니다. 그를 바보라고 불러야 할지 좀 모자라다고 해야 할지 글쎄, 그건 여러분의 판단에 맡기겠습니다.

오늘 같은 날

일요일 낮 신촌역 앞 마을버스 1번 안
등산복 차림의 화사한 할머니 두 분이
젊은 운전기사에게 다가서며 말했다
"여보시우 젊은 양반! 오늘같이 젊은 날은 마음껏
사랑하시구려.
　그래야 산천도 다 환해진다우"

나의 나

여기에 앉아 있는 나를 나의 전부로 보지 마.

나는 저녁이면 돌아가 단란한 밥상머리에 앉을 수 있는 나일 수도 있고

여름이면 타클라마칸 사막으로 날아가

몇날 며칠을 광포한 모래바람과 싸울 수 있는 나일 수도 있고

비 내리면 가야산 해인사 뒤쪽 납작바위에 붙어앉아

밤새도록 사랑을 나누다가 새벽녘 솔바람 소리 속으로

나 아닌 내가 되어 허청허청 돌아올 수도 있어

여기에 이렇듯 얌전히 앉아 있는 나를 나의 전부로 보지 마.

심상한 풍경

　토정동 토정갈비집 앞 커다란 은행나무 그늘 아래
평상에 한떼의 나이 많은 할머니들이 나와 앉아 부채
질을 하고 있다. 아, 얼마나 그리던 풍경인가! 평상
곁 흙바닥엔 털퍼덕 한없이 착한 얼굴의 누렁개가 한
마리 꼬박 졸고 있고 할머니들의 무릎엔 어김없이 나
어린 손자놈들이 쟁쟁거리다가 그중 한놈은 부시시 눈
을 들어 땀 뻘뻘 흘리며 지나가는 나를 멀뚱한 표정으
로 바라보기도 하는.

한 여름

좋은 시인들은 소리를 갖고 있다

아니 소리의 그늘을 만들 줄 안다

그리하여 그 그늘에 초록 새끼개미들을 불러모아 쉬

게 하고

저녁이면 그들이 일렬로 줄을 서서

연기 오르는 마을을 향해

허리 잘룩이며 서로의 먹이들을 조금씩 나누어 지고

가게 한다

영롱한 날

새벽에 人哭聲이 들리고
아파트 베란다 창문이 활짝 열리고
알 수 없는 새들의 영접을 받으며
한 영혼이 발그레한 새벽 하늘 쪽으로 날아갔다

생 업

동태 싸유……
물오징어 싸유……
꽁치 싸유……

얼굴을 보지 않아도
나는 그를 알 것만 같다

갈치 싸유……
자반 고등어 싸유……
이면수 싸유……

나른한 한낮이면 어김없이 골목 끝에 나타나
바다 밑처럼 혼곤한 주부들의 꿈길을
웃음으로 환히 뒤흔들고 가는

새벽 두시

깨끗하다
모든 편의와 욕망이 잠든 거리
활발한 자본의 운동이 일순 멈춘 거리 고요한 거리
갑자기 넓어진 지구의 한 끝에서 한 끝으로 까만 눈
을 깜박거리는 늙은 쥐여,
너도 그만 가서 자거라
곧 폐허의 거리 저쪽에서
거대한 아가리를 찢으며 청소차가 온다

저 잎새 하나

나뭇잎 하나에도 신의 강렬한 입김은 스며
바람 불지 않아도 저 잎새 밤새도록 찬란히
은빛 등을 뒤집고 있으니

한 석양

스리랑카 플로 나루와 바라크라마 사무드라야 호숫
가 큰 나무 옆에 한 스님이 앉아 계십니다.

물결은 한없이 부드럽고

하늘에서 갓 내려온 듯 나뭇잎은 팔랑팔랑 춤을 춥
니다.

스님은 벌떡 일어나 그 영원의 호수 위를 뚜벅뚜벅
걸어가셨습니다.

은빛 물빛

가을 물이 우쭐우쭐 슬렁슬렁
머언 산모롱이를 돌아간다
해님이 혼자 빙긋이 웃다가 뜨건 빛을 내쏘아
그것의 흰 뱃바닥을 깔깔거리며 뒤집어 보여주기도
한다

여 름 밤

.

동쪽 하늘이 발그레한 걸 보니
거기서 누가 무지개 꿈을 꾸고 있나봐

유쾌한 날들

이제는 그런 날 다시 없으리
톱밥 난로 잘 타던 미아리 옛 밀리언다방에서
고개를 푹 숙인 채 커피잔만 커피잔만 들여다보고
있던 긴 머리의 윤복이라는 공예과 여학생과
그 옆자리 미니스커트 곧잘 입던, 함박꽃 웃음의 천
진스런 단짝친구랑

春　　日

　늦봄이 다가오니 경상북도 경산군 고죽리 뒷동산의
그 엷은 복사빛이 생각난다. 아랫집 젊은 주인은 지금
쯤 찰진 외양간의 쇠거름을 햇볕 마당에 널어놓고 대
청마루에 앉아 낡은 유성기 판을 손질하고 있겠지. 그
리고 밤이 이슥하면 마을 뒷숲으로는 또 큰 별똥별들
이 선율처럼 깊은 금을 긋겠지.

석양빛 석양빛

최명희씨, 이런 시는 어떤지요?

탱자나무 울타리 가를

자전거를 타고 지나고 싶다

내게 다시 한번 더 그 화사한 봄날의 석양빛이 머물
러준다면

약속 없는 세상

약속 없는 세상에 살고 싶다고 다짐하면서도 나는
오늘도 좁쌀알만한 약속들을 수첩에서 떼어내 백지 위
에 꼼꼼히 옮겨 적는다. 12시 조선일보 3시 추계예술
학교 6시 상조회 12시 한양출판 2시 30분 도서전 준비
9시 도서전 개막 3시 정호승 12시 염선생, 이동순 1시
성대 종합강의동 3~5시 고선생 월요일 추계 화요일
대법원 1호 법정(사건번호 93도 599) 3시 이사회 4시
신림동→인천 10일 자문위원회

약속 없는 세상에 살고 싶다고 꿈꾸면서도 나는 오
늘도 그 세상으로 한 발짝 나가지 못했다 약속 없는
세상? 햇빛과 댓잎만이 우거져 있는 그곳으로 가고
싶다 가서 다시는 돌아오지 않으리

飛　　龍

LPG 가스통을 한 차 가득 싣고

강변고속도로를 질주하는 더펄머리 사내의 늠름한

팔뚝 위에서

龍字 무늬가 깊숙이 꿈틀대고 있다

순 간 들

천상의 어딘가에서
참새 한마리 묵직이 내려와 앉는다
나와 온 우주가 함께 팽팽해진다
사람들 바쁘게 걷는다

美　　人

잘생긴 얼굴을 보고 있으면
강렬하면서도 부드러운 신의 입김이 생각난다
어느 신선한 겨울날 아침
출근길의 우리들 귓불을 뜨겁게 스치고 지나간

적요의 흰 이마

이 밤 가로수 긴 그림자를
나와 함께 고즈넉이 밀고 가는 나는 누구인가

천주교 용산교회

천주교 용산교회 종지기 할아버지에겐 어린 손자가 있습니다. 그리하여 저녁 6시, 긴 동아줄에 할아버지와 나어린 손자가 대롱대롱 매달려 혼신의 힘으로 치는 종소리엔 이 세상의 제일 밝고 맑은 웃음소리가 섞여 있어 미사중인 신부들도 잠시 고개를 숙이고 그 소리에 깊은 귀를 기울이는 것이었어요.

集安에서

잊히지 않는 그림이 하나 있다
새벽 翠園賓館 앞이었다
물총새빛 푸른 스커트에 흰 블라우스 차림의 처녀가
황급히 자전거에 올라 헝클어진 머릿다발을 날리며
옛 국내성 자리 쪽으로 사라져갔다
臨江에서 왔다는, 영화촬영소가 많다는, 미인 고장 출신의
　그 허리 늘씬하고 탐스럽던 고구려족 처녀가

구　　토

위안이었던가

集安賓館 1층 식당에서 우리에게 잉어찜을 권하던
그 중국인 처녀 이름이.

한 마장만 가면 야루강이 있어

그곳엔 싱그러운 잉어떼가 씨굴대며 산다고.

나는 안다 그 강을. 우리의 옛 선조들이 어기여차
뗏목을 타고 내렸고

지금은 고요한 그 강을 잉어들이……

위안이었던가

집안빈관 1층 식당에서 웃으며 압록강 잉어찜을 권
하던 그 처녀 이름이.

김순례, 19세

長春에서 圖們으로 가는 열차는 씩씩하다
검표원인 조선족 처녀도 검푸르고 씩씩하다
고향인 도문에 가면 24시간 쉴 수 있다며
그곳엔 할머니와 할아버지 그리고 아홉 형제도 두만
강 가에 함께 산다며

북경일기

93년 8월 북경이었다 만리장성이었다
군복을 입고 키가 작은 소년 하나가
옆구리에 보퉁이를 낀 채
조심조심 돌계단을 오르다가 새까만 눈으로 뒤돌아
보았다

몇 걸음 뒤에서 그의 아비인 듯한 아주 순한 얼굴의
농부가
만면에 웃음을 띤 채
어서 오르라고, 어서 오르라고 소년을 향해 크게 손
짓하였다

어느 아침

대설주의보가 풀린 날 아침
까치네 집이 있는 높다라한 가지 끝에서
하얀 눈을 뒤집어쓴 까치네 새끼들이 빨간 목젖을
있는 대로 드러낸 채
즐거운 노랫소리를 합창하고 있었습니다

어떤 헌시

하느님,
오랜만에 저희 가족들을 귀소에 불러모아 주시고
새벽 한시 넘어 이렇듯 편안히 잠들 수 있게 해주시어
참으로 감사합니다

날이 새면 눈밭으로 난 매서운 길을 따라
당신의 제단 앞에 엎드려 기도하겠나이다
"이 작은 것들을 위해 기꺼이
한 몸을 헌신케 하소서"

北　　魚

자네 요즘 좀 이상해.
도대체 몸은 어디다 두고 다니는 거야?
오늘 아침 회의시간엔 멀쩡히 나오지도 않고
안경도 쓰지 않고.

뭐라구?
한쪽 영혼을 깨끗이 비워놓고 살라구?
그래야 그 속으로 새소리도
어젯밤의 신의 노한 음성도 들을 수 있다구?

그렇군,
그렇지,
아마 그럴 거야.
그런데 자네 지금, 뭐하고 있는 거야?
몸은 어디 갔어?
그 날래던, 바싹 마른 영혼은?

출　근

　새벽이면 도화동 산동네의 불이 제일 먼저 밝았고
　기다리고 있었다는 듯이 곧 대우빌딩 전관의 불이
환하게 밝는다

平　行

꿈 없는 꿈을 꾸고 난 날 아침에
눈이 푹 내렸다
그 위를 아침 까치 두 마리가 벌써 왔다 간 모양이다
명주처럼 파르라한 발자국 두 줄이 그 어딘가로 끝
없이 이어져 있다

나의 패배

어제 낮의 나의 패배,
어쩌면 오래 전부터 예정되어왔던 그것을
이제는 아무 두려움 없이 솔직히 인정하자
뉘우침 속에서 이렇게 밤의 고독과 마주하고 있는
것이
오랜만의 나의 참모습 아니냐

그래, 나는 패배했다
그리고 이것은 건너뛸 수 없는 사실이다
밤이여, 커다란 밤이여
네가 나를 밟고서 가라
어둠은 나의 오랜 친구였다
그 속의 쓰라린 빛도!

생 명

　소머리가, 반쯤 평화로이 눈을 감은 소머리가 통째로 놓여 있던 정육점 앞마당에 오늘은 하늘에서 웬 참새떼 몇마리가 날아와 앞마당을 콕콕콕 쪼다가 이따금 핏빛 부리를 들어 소머리가 사라진 고깃간 안을 불안스런, 불안스런 눈길로 돌아보는 것이었어요.

명주 목도리 두르고 학교 가는 날

대숲마을에 연기 오른다
참새떼 도르르 날아간다
하늘 매섭게 푸르다

마음의 고향 6

初雪

내 마음의 고향은 이제

참새떼 왁자히 내려앉는 대숲마을의

노오란 초가을의 초가지붕에 있지 아니하고

내 마음의 고향은 이제

토란 잎에 후두둑 빗방울 스치고 가는

여름날의 고요 적막한 뒤란에 있지 아니하고

내 마음의 고향은 이제

추수 끝난 빈 들판을 쿵쿵 울리며 가는

서늘한 뜨거운 기적소리에 있지 아니하고

내 마음의 고향은 이제

빈 들길을 걸어 걸어 흰옷자락 날리며

서울로 가는 순이누나의 파르라한 옷고름에 있지 아

니하고

내 마음의 고향은 이제

아늑한 상큼한 짚벼늘에 파묻혀

나를 부르는 소리도 잊어버린 채

까닭 모를 굵은 눈물 흘리던 그 어린 저녁 무렵에도

있지 아니하고
　내 마음의 마음의 고향은
　싸락눈 홀로 이마에 받으며
　내가 그 어둑한 신작로 길로 나섰을 때 끝났다
　눈 위로 막 얼어붙기 시작한
　작디작은 수레바퀴 자국을 뒤에 남기며

탁   마

아침 햇살에 톡톡톡 빛나는
비둘기의 날랜 입이여 !

포   만

서울구치소의 쥐들은 드럽게 살쪄
재소자들이 던져준 밥찌끼를
느린 동작으로 받아 그 자리에서 천천히 씹어 넘긴다
아, 밤이나 낮이나 오물거릴 줄밖에 모르는
눈은 작고 목은 두툼해진 살진 쥐의 빨간 목구멍이여

잎　들

갈색 가을 나무가 고개를 푹 숙이고 제 발등을 수북이 덮고 있는 가을 잎들을 본다. 한때는 天上을 향해 푸르게 치솟았던 젊음들, 또 한때는 뜨거운 태양빛을 향해 시리게 몸 뒤척였을 영혼, 그러나 이제는 너른 생각의 잎사귀가 되어 제 어미의 발등을 조용히 덮다.

聖者처럼

아몬드에서 한잔 하다가 지상의 계단을 천천히 올라 창비 화장실을 가다가 그 오른쪽으로 환하게 불켜진 집, VIP 양복점의, 다리를 약간 저는 주인 겸 1급 재단사가 커다란 가위를 들고, 한쪽 귓등엔 하얀 백묵을 꽂은 채, 성자처럼 엎드려 열심히 일하는 모습을 나 거기 서서 오래오래 바라보곤 하였다.

直　　入

　민물매운탕집　수족관의　아기장어　한마리가　고개를
빳빳이　내밀고　지나가는　행인을　바라보고　있다．　아,
저　아기장어의　흰　목을　스치고　내리는　눈　시리게　아름
다웠던　날들의　짧은　적요여！

自　閑

여자와 함께 동해 온천장에 누워
이제 막 그짓을 시작하려 할 제
시월 한낮의 상큼한 공기 속으로
음메 하고 소 한마리가 울며 지나갔다
고개를 빼어 내다보니
짐을 잔뜩 싣고 일 나가는 소의 뒷다리가 스스로 한
유롭다

맹감나무 아래

거위는 거위대로 멧새랑
멧새는 멧새대로 오리랑
오리는 오리대로 비둘기랑
비둘기는 비둘기대로 닭이랑
서로 꽥꽥 꺼꺼 짹짹거리며
적막한 오후의 한때를 견디고 있었다
맹감나무 아래서

사   이

가로수들이 축축이 비에 젖는다

지우산을 쓰고 옛날처럼 길을 건너는 한 노인이 있
었다

적막하다

새 빛

수족관의 광어 도다리 우럭이
입천장을 허옇게 드러낸 채 가쁜 숨을 몰아쉬며
인간인 나를 쏘아본다
아, 저 생명 가진 것들이 사력을 다해 내뿜는
죽음 속의 강렬한 새 빛!

새벽 세시

일진광풍 뒤에 후두둑 소나기 때리자
호박밭의 호박순이란 놈이 우두둑 소리를 내며
공중으로 힘껏 솟아오른다

일요 삽화

일요 등산길에 풀여치 한마리가 나를 잘못 따라와
방바닥 위로 풀쩍 뛰어내린다
생글생글하고 자그마한 눈이 책이 읽고 싶은가보다
책장 쪽으로 엉금엉금 기어가다가 뒷다리를 모두고
나를 빤히 올려다본다
아서라, 인간의 방은 네가 있을 곳이 아니다
나는 녀석의 파르라한 이마를 잡아
푸른 하늘 높이높이로 날려주었다

아침이면

귀뚜리는 밤새도록 방 밖에서 울며
아침이면 가장 눈부신 소리의 보석을 낳는다
이슬이다

새 벽 에

벌레들이 먼저 일어나
저렇듯 우주의 한쪽을 파랗게 물들이고 있었구나

여름날 하오

언제나 그맘때쯤
소년 하나가 하모니카를 불며
강 언덕길을 오르고 있었다
미루나무숲이 미칠 듯이 바람에 춤추었다

언제나 그맘때쯤, 여름날의 하오
키 큰 소년 하나가 하모니카를 불며
강 언덕길을 내려오고 있었다
강 새들이 노을 속을 차고 올라
긴 목을 빼고 소년 뒤를 따르고 있었다

언제나 그맘때쯤, 언제나 그맘때쯤
키 큰 꼽추 소년 하나가 하모니카를 불며
지상으로 내려오고 있었다

金宗三調로

1994년 5월, 음력 4월 16일
다리 저는 할머니 한분이
용현의원 3층 계단을 조심조심 오르고 있었다
자그맣고 아주 조용했다
평생을 노점에서 채소만 팔던 할머니였을까
햇살이 아예 그쪽 자리로만 몰리고 있어서
할머니 뒤꼭지에 이따금 커다란 圓光 자국을 만들기
도 하였다

유   월

저녁 무렵 아카시아숲에 통쾌한 소나기 내리다

천리 밖 어둠 속에서 어슴푸레 잠긴 눈으로 어미 젖
을 빨던 송아지란 놈이

후다닥 뒷문을 차고 나와 마당 가운데 홀로 우뚝 서
겠다

적요 후

하늘의 거센 소나기가
미칠 듯이 지상을 한바탕 훑고 지나간 뒤
보랏빛 연한 하늘에 하나의 강렬한 붉은 태양이 떴다

무궁한 적요

전　　정　　구

　자연의 무늬, 삶의 무늬 그리하여 궁극적으로 시예술의 무늬를 그려낸 이시영 시인이 또다시 한권의 시집을 상재한다. 짧은 시형이 주축을 이룬 『사이』는 이전 시에 비해 언어가 자유롭고 시인의 마음은 좀더 한가롭다. 한가한 마음은 언어를 구속하지 않고, 얽매임 없는 언어는 "우쭐 우쭐 슬렁슬렁 머언 산모롱이를 돌아"(「은빛 물빛」)가는 가을물처럼 맑다.

　그물을 넓게 펴서 품은 뜻을 걸러내도 마음은 상처받지 않고, 언어 또한 쓸데없이 남아돌지 않는다. 언어가 하고자 하는 대로 마음이 움직여 빚어낸 듯 그의 시는 품은 뜻을 한껏 펼쳤으나 간결하기 그지없다. 늦가을의 자연풍경을 그린 「잎들」은 평이한 언어로 말하지 않아도 담긴 뜻이 깊고 간명하다.

　　갈색 가을 나무가 고개를 푹 숙이고 제 발등을 수북이 덮고 있는 가을 잎들을 본다. 한때는 天上을 향해

푸르게 치솟았던 젊음들, 또 한때는 뜨거운 태양빛을
향해 시리게 몸 뒤척였을 영혼, 그러나 이제는 너른 생
각의 잎사귀가 되어 제 어미의 발등을 조용히 덮다.
                                    ──「잎들」전문

갈색 가을 나무가 제 발등에 떨어진 낙엽을 굽어보고,
낙엽은 제 어미의 발등을 조용히 덮는다. 그러나 깊은 사
념에 잠겨 낙엽을 보는 것은 나무가 아니라 시인의 마음
이다. 나무 밑둥에 수북이 쌓인 낙엽을 마음이 "고개를
푹 숙이고" 관조한다. 마음은 가을 낙엽과 나무의 관계에
서 자연의 운행에 숨겨진 진리, 그 보이지 않는 깨달음의
순간을 시예술로 형상화한다. "한때는 天上을 향해 푸르
게 치솟았던 젊음"이 그 소임을 다하자 "너른 생각의 잎
사귀"되어 스스로 그 뿌리 ─ 근본으로 되돌아간다.
　평범하고 사소한 가을 나무와 낙엽에서 시인은 사계절
의 질서에 감추어진 큰 의미를 발견한다. 이시영은 그 자
연의 법칙을 깊이 헤아린바, 한 인연이 끝나면 다시 자연
으로 돌아가는 것은 낙엽만이 아니다. 소조담박한 「잎들」
의 늦가을 낙엽이 그렇듯이 우리 인간의 삶도 마찬가지이
다. 그것은 나뭇잎이 그를 길러준 나무의 발등을 덮듯이
인간도 자신을 길러준 자연으로 돌아가야 한다는 귀근(歸
根)의 진리이다.

　　잎새가 살랑인다
　　어제 내 목덜미를 감싸며 흐느끼던 말 못할 숨결이
　　오늘 잎새를 저리 뜨겁게 관통했으리
                                    ──「바람」전문

토끼풀꽃 하나가 무엇에 흔들린다
그 옆의 들국 한송이도 무엇에 흔들린다
바람인가
모두들 뜨겁게 잠 오지 않는 밤이다
—— 「白夜」 전문

우주의 만물이 가르치는 진리 — 진실을 듣고 보려면,
세상의 귀와 눈을 닫아야 한다. 그 진실 — 진리의 모습이
둥그런 열림의 형태를 띠고 나타날 때, 그것을 "필사적으
로 끌어"(「새벽」)안거나 "톡톡톡"(「탁마」) 쪼아버리면 그
형태는 사라진다. 정밀한 마음의 귀는 잎새에 살랑이는
바람의 "흐느끼던 말 못할 숨결"을 들어야 하고, 미세한
마음의 눈은 "토끼풀꽃 하나"와 "그 옆의 들국 한송이"를
흔들리게 하는 바람을 보아야 한다. 그럴 때만이 마음의
눈과 귀가 작용하여 벌레와 새벽은 서로를 이루어주고,
귀뚜리 소리와 이슬은 서로를 낳는다.

귀뚜리는 밤새도록 방 밖에서 울며
아침이면 가장 눈부신 소리의 보석을 낳는다
이슬이다
—— 「아침이면」 전문

벌레들이 먼저 일어나
저렇듯 우주의 한쪽을 파랗게 물들이고 있었구나
—— 「새벽에」 전문

벌레는 우주의 한쪽을 파랗게 물들이며 시인보다 먼저 일어나 꿈틀거리는 새벽이 된다. 밤새도록 방 밖에서 우는 귀뚜리는 아침이면 가장 눈부신 소리의 보석을 낳는다. 들리는 것만을 듣는 예술의 귀머거리는 영롱한 아침 이슬에서 귀뚜리 소리를 듣지 못하고, 보이는 것만을 보는 예술의 소경은 새벽빛을 몰고 오는 벌레들을 발견할 수 없다. 마음의 눈을 크게 뜨고 마음의 귀를 활짝 열면 지금까지 너무 크거나 혹은 작아서 그 모습이 보이지 않고, 그 소리가 들리지 않던 우주의 신비한 현상들을 그려낼 수 있다. 그러나 「아름다운 分割」처럼 형체가 있는 것에 의지하지 않고는 그 보이지 않는 것들을 예술적으로 표현해낼 수 없다.

　　파도가 머리를 꼿꼿이 세우고 달려와
　　단 한차례 방파제를 들이받곤
　　거대한 물보라를 남기며 스러져간다

　　수평선 쪽에서 갈매기 한마리가 문득 머리를 들고
　　잔잔하게 하늘을 가른다
　　　　　　　　　　　　　　　　　　──「아름다운 分割」 전문

시인은 갈매기와 파도가 한순간 펼쳐낸 대칭과 조화의 아름다움을 표현한다. 이 두 사물을 끌어들여 시인은 우주의 큰것, 대자연의 아름다운 분할을 예술화한다. 한차례의 파도와 한마리의 갈매기로 지극히 큰 우주의 분할을 그려낸 이 언어그림은 얼마나 아름다운가? 머리를 꼿꼿이 세우고 달려와 방파제를 들이받고 거대한 물보라를 남기며 스러져간 단 한번의 파도소리는 일순간 멈춘 듯하고, 수평선 쪽에서 머리를 들고 잔잔하게 하늘을 가르던 갈매기 한마리는 문득 그 동작을 그만둔 듯하다. 그 찰나 잦아드는 파도소리의 여운이 갈매기의 날갯짓에 짙게 드리우며 천지는 고요하다. 적막한 우주에서 노닐며 그 알 수 없는 아름다운 분할의 한순간을 마음이 경이롭게 잡아낸다. 그 마음은 「三虞後」에서 세상의 모든 구속으로부터 벗어나 아무런 얽매임 없이 홀로 자연의 정신과 왕래한다.

어머니를 묻고 돌아오는 길
구례구에서 남원, 오수역에서 임실까지
안개비 속에 온 산천이 잔잔한 싸락눈에 덮인다
산천도 또 한 주검을 새로 받아 안고 맑은 옷으로 갈
아입는 중일까
공중의 새들 빠르게 벌판 이내 속을 날고
가까운 마을에선 식구들의 밥 짓는 연기 자욱타
──「三虞後」 전문

허정무심한 마음은 "온 산천이 잔잔한 싸락눈 덮인" 안개비 속에 어머니를 묻고, 때묻은 속세의 모든 인연을 끊는다. 그 마음이 "또 한 주검을 새로 받아 안고 맑은 옷"으로 갈아입은 산천의 고요 속으로 들어가 세상의 모든 감정을 초월한다. 자연을 소요하는 마음은 기쁨도 슬픔도, 죽음도 삶도 그리고 그 자신마저도 밥 짓는 자욱한 연기 속에 날려버린다. 자연의 일부처럼 고요하고 텅 빈 무심무정의 경지에 마침내 마음이 도달한다. 그 마음을 장자는 "시간의 흐름이 없고 공간의 제한이 없다(無古無

今 無形無跡)"고 한다.

> 가로수들이 촉촉이 비에 젖는다
> 지우산 쓰고 옛날처럼 길을 건너는 한 노인이 있었다
> 적막하다
>
> ——「사이」전문

　가로수 풍경과 한 노인의 삶의 공간 '사이'에서 노니는 마음은 무형무적(無形無跡)하다. "촉촉이 비에 젖는" 가로수의 현재와 지우산을 쓰고 "옛날처럼 길을 건너는" 한 노인의 과거를 넘나드는 마음은 무고무금(無古無今)하다. 시간과 공간을 뛰어넘은 마음이 '적막하다'는 한 단어로 이 두 표현대상이 어우러진 한순간을 간결하게 함축한다.

　간결함이 높은 경지에 이르게 되면 세상의 티끌을 말끔히 씻어낸다. 티끌이 씻긴 이 시집은 속세의 테두리를 넘어선 한폭의 그림을 연상케 한다. 흔히 그림은 형태 있는 시이고, 시는 형태 없는 그림에 비유된다. 이시영은 『사이』에서 우주와 인생, 인간과 자연, 사람과 사람 그리고 끝내는 시와 시인 사이의 틈새를 비집고 들어가 그 관계의 실상을 그림으로 그려낸다.

　평이함과 고요함이 깃든 이 시집의 언어그림은 보이지 않는 것들을 예술의 양식으로 표현하는 데 일정한 성과를 보장한다. 유유자적 막힘없이 흐르는 심산계곡 물소리의 여운마냥, 맑은 계곡 깊숙이 드리운 수목의 음영마냥 무궁한 적요만이 외롭게 감도는 이 시집의 정신을, 그러나 세속의 취향에 물들지 않은 어느 독자가 있어 감히 짐작하랴!

후 기

　1976년에 첫시집 『만월』 1986년에 두번째 시집 『바람 속으로』를 여기서 내고 근 십년 만에 다시 돌아와 새 시집을 묶는다. 여기 수록된 시들은 『무늬』(문학과지성사, 1994) 이후의 것들로서 『무늬』와 별로 변별성이 없는 연속 시편들이라는 점이 마음에 걸린다. 오래 묵혀두면서 버려야 할 것들은 버리고 생략해야 할 것들은 가차없이 생략하고 해야 할 터인데 이렇게 또 어줍잖은 타협을 하고 말았다. 모두가 내 책임이다.

　최근 시 쓰는 지우(知友)들로부터 가장 많이 받는 질문이 당신의 시는 왜 갈수록 짧아지냐는 것이다. 그럴 때마다 나는 얼버무리면서 생활이 바빠서 그 일상으로부터 도피하고 싶은 심리적 기제가 작용하여 그런 것 같다고 대답하곤 했다. 그러나 그것은 사실이 아니다. 우선 도무지 긴 시를 쓰고 싶지 않기 때문이다. 그리고 최근의 내 시적 호흡은 솔직히 말해 긴 시를 감당할 수 없는 시점에 와 있다. 내게 있어서 '시'는 주로 새벽 두시에서 세시 사이에 오는데 우주의 새벽시간이 으레 그렇듯이 내 시적 안광에 투시된 세계는 그렇게 분명한 것도 아니고 무언가 둥그런 열림의 형태를 띠고 있다. 나는 그 고요 속으로 내려가 그 어슴푸레하고 손에 잘 잡히지 않는 사물의 형태를 '순간'의 힘으로 잡아내는데 물론 번번이 실패의 연속일 뿐이다. 그러나 해 지는 노을녘의 풍경도 그렇지만 우주의 새벽 열림의 순간은 내게 있어서 늘 경이의 순간이며 시적 계시의 순간이기도 하다. 그것을 기록하고 싶다! 아니 '시'가 나를 통과하여, 나를 뛰어넘어 저를 써내려갔으면 한다.

세상 사람들은 눈에 보이는 것들만을 분명한 어조로 표현한 시를 선호하기도 하고, 또한 은근히 그러한 현상을 부추기기도 한다. 그러나 나는 시가 예술인 한 도저히 표현될 수 없는 것들을 표현하고자 하는 그 어떤 노력도 존중되어야 한다고 생각한다. 바라옵건대 내 눈의 심층이 조금 더 열려 지금은 내게 안 보이는 세계가 내일이면 활짝 열렸으면 한다. 그리고 언어여, 소리와 빛깔말고도 제발 그 그늘 같은 것도 좀 거느려다오. 장대한 폭포는 통쾌히 한번 쏟아지고 난 뒤에도 만상(萬象)의 적요 속에 그 은은한 울림의 여운을 끝까지 남길 줄 안다.

1996년 2월
이   시   영

창비시선 142

사이

초판 1쇄 발행/1996년 2월 28일
초판 5쇄 발행/2020년 9월 4일

지은이/이시영
펴낸이/강일우
펴낸곳/(주)창비
등록/1986년 8월 5일 제85호
주소/10881 경기도 파주시 회동길 184
전화/031-955-3333
팩시밀리/영업 031-955-3399 · 편집 031-955-3400
홈페이지/www.changbi.com
전자우편/lit@changbi.com